LE RÉVEIL SONNE :
PREMIÈRE HUMILIATION DE LA JOURNÉE

Pour tout contact :
L'INSOMNIAQUE
43 rue de Stalingrad
93100 Montreuil
Tél. : **01 48 59 65 42**
insomniaqueediteur. org

Le réveil sonne : première humiliation de la journée

144 RAISONS D'ABOLIR LE TRAVAIL SALARIÉ

L'INSOMNIAQUE

en guise de préface

ZOOLOGIE DE L'EMPLOYÉ

À LA SUITE d'une mutation génétique d'*Homo domesticus* encore mal connue des scientifiques, une sous-espèce de primate, *Servilus salarius*, vulgairement appelée « employé », prolifère depuis des décennies sur toute la planète. C'est en Europe – dès la fin du XVIIIe siècle, selon les plus récentes datations des chercheurs – qu'une partie du cheptel local d'*Homo domesticus* entama cette mutation, sans doute sous l'effet des transformations du milieu ambiant.

La nouvelle espèce, très féconde et capable de surcroît d'endurer toutes les privations et toutes les migrations, se répandit rapidement, avant d'infester la terre entière, dans le nord du continent américain. On en importa des troupeaux entiers, en quantité supérieure à toute autre espèce domestique – davantage même que le mouton de Panurge, avec lequel il a tant de points communs.

Pourquoi tant d'employés ?

LES COÛTS d'entretien d'un troupeau d'employés sont infimes, l'employé se nourrissant essentiellement de ses propres déjections.

L'élevage de l'employé est d'un excellent rapport, à condition que les troupeaux soient bien gardés. Les coûts de surveillance sont à cet égard presque inexistants, l'autosurveillance étant l'une des caractéristiques fondamentales de l'employé.

Le contrôle du cheptel a d'ailleurs perdu beaucoup de son ancienne brutalité. L'évolution des techniques de marquage et des conditions d'hygiène dans les exploitations permet de limiter les mauvais traitements qui heurtent, de nos jours, tant d'âmes sensibles.

Évidemment, comme l'employé est loin d'être une espèce en voie de disparition, et que son aspect n'incite guère à l'attendrissement, ses déboires font couler moins de larmes que ceux des derniers oursons des Pyrénées.

Qu'est-ce qui rend l'employé si fidèle ?

TOUTE LA VALEUR qu'on peut tirer d'un troupeau d'employés réside dans son dévouement. On a beau être habitué à la fidélité obséquieuse de l'employé, elle déconcerte les zoologues, tant elle contredit ses prédispositions physiologiques, voisines de celles de l'être humain (il est fréquent de ressentir, en étudiant ce bipède anthropoïde, une angoissante impression d'identification). Il existe, certes, une branche dépravée du *Servilus salarius*, le *Paressus sabotus* (vulgairement appelé « refuseur d'emploi »), qui préfère jouer dans le maquis que brouter dans les pâturages. Sa présence dans un troupeau peut s'avérer diablement perturbatrice pour les bonnes bêtes. Et sa prolifération a contraint les éleveurs à se procurer des molosses bien dressés, afin de préserver le cheptel sain de cet exemple pernicieux.

Quant aux savants, ils ne peuvent que constater que l'intelligence des employés décline au fil des générations – des pléthores de tests (dont celui dit du « suffrage universel ») en témoignent –, sans doute en raison du raffinement croissant des techniques de dressage. Et si l'employé ne sait plus rien faire par lui-même, on peut désormais lui imposer n'importe quelle activité : il suffit d'alterner judicieusement la carotte et le bâton.

Va-t-on vers un monde sans employés ?

SI L'EMPLOYÉ demeure l'une des denrées les plus précieuses, la facilité avec laquelle la technique moderne permet de lui substituer des machines incite les éleveurs d'employés à réduire le cheptel.

Plusieurs méthodes d'abattage collectif sont actuellement envisagées par les experts. Il appartient aux éleveurs de mettre en œuvre la plus humaine, avant que de mauvais plaisants ne s'avisent de disperser par de grands incendies les troupeaux d'employés, ces derniers risquant alors de retourner à l'état sauvage.

Max MORORA

TRAVAILLER (1080) lat. pop. *tripaliare*: « torturer avec le *tripalium*, instrument formé de trois pieux » ;
(XIIe s.) « tourmenter, peiner, souffrir ».
TRAVAILLEUR (1552) de *travaileor*, « celui qui fait souffrir, bourreau ». L'expression « bourreau de travail » est donc un pur pléonasme.
TRAVAIL (XIIe s.) « tourment, souffrance » ;
(XIIe s.) « machine où l'on assujettit les bœufs ou les chevaux difficiles pour les ferrer ».
EMPLOYER (1080) lat. *implicare*: « plier dans » (le temps de la non-vie, par exemple). Le *Petit Robert* précise : « se conjugue comme noyer ».

« Est-y mot joli ? »,
Mordicus, avril 1991

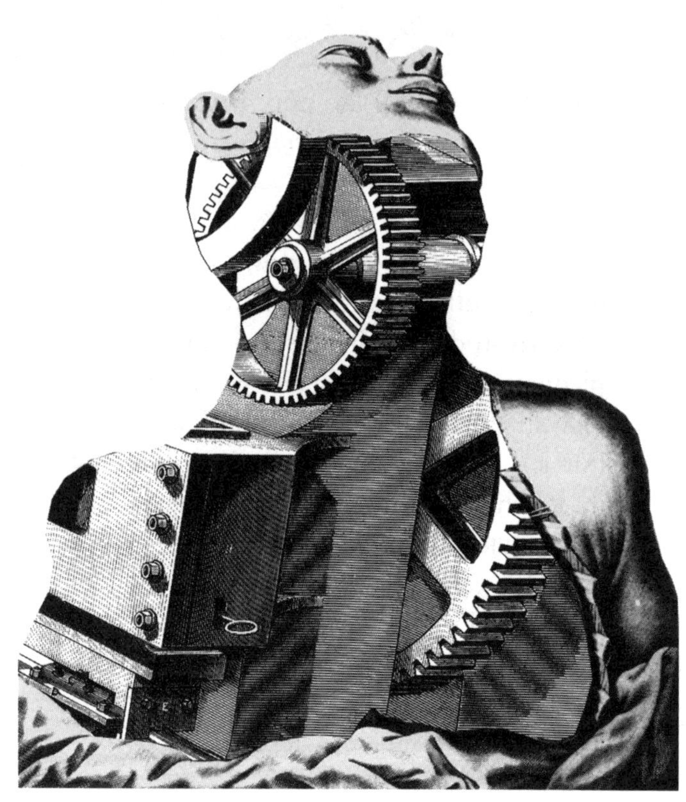

« Tu es fou », dit l'enfant. « Tu veux travailler dans une usine ! C'est un jour noir pour ta mère ! »

Albert COSSERY

Vous serez misérables et malheureux, vous et vos descendants, tant que les biens et les maux ou les peines de la vie seront si mal partagés entre tous, n'étant nullement juste que les uns portent seuls toutes les peines du travail et toutes les incommodités de la vie quand les autres jouissent seuls sans peine, et sans travail, de tous les biens et de toutes les commodités de la vie.

Jean MESLIER

Ah, la belle liberté que celle de se vendre à quelque bourgeois ventru sous peine de crever de faim !

Louis de Rouvroy, duc de SAINT-SIMON,
Projet de réforme entière des trois états, découvert dans sa cassette après son rappel à Dieu

Alors les enfants d'Urizen délaissèrent la
charrue et la herse, et le métier à tisser,
Le marteau et le burin, la règle
et le compas.
Ils forgèrent l'épée dans les monts
Cheviot, et le chariot de guerre
et la hache d'armes,
La trompette qu'on sonne
en de mortelles batailles
et la flûte d'été d'Annandale.
Et tous les arts de la vie,
ils les changèrent en arts de la mort.
Le sablier fut méprisé car son simple
ouvrage
Était semblable à l'ouvrage du laboureur,
et la roue à aube,
Qui alimente en eau les citernes,
fut brisée et jetée au feu,
Parce que son ouvrage était semblable
à celui des bergers.
Et pour les remplacer, des rouages
compliqués furent inventés,
roue contre roue,
Afin d'ahurir la jeunesse
par leur cadence et lier au labeur
De jour et de nuit les myriades
de l'éternité, pour qu'elles poncent

Et polissent le laiton et le fer heure après
heure, pénible ouvrage,
Maintenues dans l'ignorance de leur
usage,
Et qu'elles passent les jours de sagesse
À besogner durement pour une maigre
pitance de pain,
Et que, dans l'ignorance, elles
n'aperçoivent qu'une petite portion et
croient y voir le tout,
Tenant cela pour évidence, car aveugles
aux plus simples règles de la vie.

William BLAKE

Quant au temps, il devient celui
de l'horloge et des horaires de travail fixes
– temps linéaire, carcéral et invariant
qui se mesure et se quantifie, qui se vend
et s'achète, qui se confisque et s'enfuit,
qui se répète et se répète encore.
Le fabricant a l'œil rivé sur son livre
de comptes, et sa montre à gousset toujours
en main. Rouages de la pendule et rouages
des machines unissent leurs mouvements
inexorables pour briser les cœurs
et les carcasses des pauvres.

Julius VAN DAAL

Le paradigme du lieu carcéral moderne fut conçu à la fin du XVIIIe siècle par Bentham, sous le nom de panoptique – car rien ne s'y fait que sous l'œil du maître. Le penseur progressiste s'inspira pour cela de l'une des toutes premières usines, que son frère, nous dit la chronique, « avait fondée peu avant dans la Moscovie à demi barbare où ce drôle amassait force roubles par le maniement du knout ».

Michel FAUCULT,
Plus doux seront les châtiments

Travailler, désormais, ce sera être deux fois asservi : à l'avarice démoniaque des patrons et au rythme satanique des machines. Oh, l'effroyable damnation ! Ce n'est qu'en appliquant la loi du poignard aux patrons et celle du marteau aux machines que nous recouvrerons les instants joyeux de notre liberté !

Harangue du général LUDD à ses frères jurés

Ce n'est pas tant la robotisation de la production qui menace l'homme d'un irrémédiable asservissement que la robotisation simultanée de l'homme lui-même.

Edward ABBEY, *Propos de table sur la fin du monde*

L'insubordination de nos ouvriers nous a fait songer à nous passer d'eux ; nous avons fait et provoqué tous les efforts d'intelligence imaginables pour remplacer le service des hommes par des instruments plus dociles, et nous en sommes venus à bout.
La mécanique a délivré le capital de l'oppression du travail.

Un industriel de Manchester en 1840

La facilité même du travail devient une torture, en ce sens que la machine ne délivre pas l'ouvrier du travail, mais dépouille le travail de son intérêt.
La grande industrie achève la séparation entre le travail manuel et les puissances intellectuelles de la production, qu'elle transforme en pouvoir du capital sur le travail.

Karl MARX

L'esclavage humain a atteint son point culminant à notre époque sous forme de travail librement salarié.

George Bernard SHAW

– Tout l'art d'enculer les pauvres, mon petit Jacquot, consiste à les faire bosser sans cesse. Tant qu'ils sont bien sages, qu'importe ce qu'ils produisent…

– Même de la merde, Monsieur le président ?

– Mais bien sûr, gloussa-t-il, puisqu'ils s'en gobergent ! Il faut bien les nourrir !

Jack ATTALANG,
Mes conversations secrètes avec « Tonton »

Nul n'accepterait d'être esclave deux heures ; l'esclavage, pour être accepté, doit durer assez chaque jour pour briser quelque chose dans l'homme.

Simone WEIL

Une étrange folie possède les classes ouvrières des nations où règne la civilisation capitaliste. Cette folie traîne à sa suite des misères individuelles et sociales qui, depuis des siècles, torturent la triste humanité. Cette folie est l'amour du travail, la passion moribonde du travail, poussée jusqu'à l'épuisement des forces vitales de l'individu et de sa progéniture.

Paul LAFARGUE

Ceux-ci, dit-on, n'ont point de maître. Mais c'est encore un pur abus de mots. Qu'est-ce à dire? Ils n'ont point de maître: ils en ont un et le plus impérieux des maîtres: c'est le besoin. Celui-là les asservit à la plus cruelle dépendance.

Simon LINGUET
Théorie des lois civiles (1767)

La déchéance que connaît au boulot l'écrasante majorité des travailleurs naît d'une variété infinie d'humiliations, qu'on peut désigner globalement du nom de « discipline »... La discipline est constituée de l'ensemble des contrôles coercitifs qui s'exercent sur le lieu de travail: surveillance, exécution machinale des tâches, rythmes de travail imposés, quotas de production, pointeuses, etc. La discipline est ce que l'usine et le bureau ont en commun avec la prison et l'hôpital psychiatrique.

Bob BLACK

L'apologie du travail, c'est, depuis que l'esclavage a disparu de l'Europe occidentale, une vieille idée des classes dirigeantes. Faire croire au monde que le labeur est le meilleur remède à l'emmerdement, voilà le fin du fin de la morale réactionnaire. Cela n'a pas d'autre but que de discréditer toute activité non productive de ceux qu'on exploite. La bourgeoisie s'est empressée d'annexer une religion qui sert si bien ses intérêts.

André THIRION

Toute peur mérite salaire.

KIM Il-Sung

Le travail est la source de toute misère, ou presque, dans ce monde. Tous les maux qui se peuvent nommer proviennent de ce que l'on travaille – ou de ce que l'on vit dans un monde voué au travail. Si nous voulons cesser de souffrir, il nous faut arrêter de travailler.

Cela ne signifie nullement que nous devions arrêter de nous activer. Cela implique surtout d'avoir à créer un nouveau mode de vie fondé sur le jeu.

Bob BLACK

Il ne faut pas dire qu'une heure d'un homme vaut une heure d'un autre homme, mais plutôt qu'un homme d'une heure vaut un autre homme d'une heure. Le temps est tout, l'homme n'est plus rien ; il est tout au plus la carcasse du temps.

Karl MARX

Dans un building de vingt étages,
L'été comme l'hiver,
Tu travailles pour une société
De cent mille actionnaires…
Ton nom ici n'existe pas :
Tu n'es qu'un numéro.
Pour être sûr de te garder,
On te donne ce qu'il faut…
Rien n'est à toi,
Tu ne vaux pas un seul centime,
Tout appartient à la société anonyme…

Eddy MITCHELL

Le propre du travail, c'est d'être forcé.

ALAIN

L'homme est né libre et partout il est dans les fers. Tel se croit maître des autres, qui ne laisse pas d'être plus esclave qu'eux.

Jean-Jacques ROUSSEAU

Nous pourrions faire un parallèle entre l'étranger-esclave de la société grecque acheté sur les marchés de l'Orient ou du Caucase et tous les clandestins, les sans-droits, travaillant « librement » dans nos « démocraties » et mesurer l'ampleur du progrès accompli ; un gros exploitant agricole de Floride ne déclarait-il pas récemment au sujet des immigrés mexicains : « Autrefois nous étions propriétaires de nos esclaves, aujourd'hui, tout simplement, nous les louons » ?

Georges LAPIERRE

– Dis-moi, Rafik, mon frère, ce n'est pas vrai, ce que tu viens de me dire ?

– Quoi donc ?

– Que dans certains pays, les hommes se réveillent à quatre heures du matin pour aller travailler dans les mines.

– C'est vrai, dit Rafik. Ici nous n'avons pas encore de mines, mais ça viendra. On en découvrira. On découvrira n'importe quoi pour faire travailler les hommes et les abrutir.

Albert COSSERY

Même s'ils n'en ont aucun usage productif, les maîtres veulent votre temps – et en quantité suffisante pour que vous leur apparteniez corps et âme.

Bob BLACK

Les idéologues staliniens, qui voulaient doter le culte du travail d'une mythologie, avaient entrepris de revêtir la servitude volontaire des oripeaux de l'héroïsme magique. Ainsi naquit la figure de l'Hercule de foire en bleu de travail : ce fut Stakhanov, modeste mineur acharné à tirer du marasme la patrie du socialisme. Ses capacités productives, disait la fable, étaient surhumaines – et en effet il n'avait plus rien d'humain, cet homme-machine capable, selon la propagande du Parti, d'extraire plus de deux cents tonnes de charbon par jour, soit *trente fois* son quota de production.

Illya KOURIAKINE,
Le Bourrage de crâne à travers les âges

Tout ce qui rampe sur la Terre est gouverné par l'écran.

Steve JOBS

Et nous sommes en grande misère,
Mais s'enrichit de nos salaires
Celui pour qui nous travaillons ;
Des nuits grande partie veillons,
Et tout le jour pour y gagner
On nous menace de nous rouer
Nos membres quand nous reposons :
Aussi reposer nous n'osons.

Complainte des trois cents pucelles enfermées,
citée par CHRÉTIEN DE TROYES au XIIe siècle

Le travail n'a pour mobile pivotal que la peur de mourir de faim ; dans l'ordre civilisé, le travailleur est un véritable forçat.

Victor CONSIDÉRANT

Automatiques et minutieux,
Des ouvriers silencieux
Règlent le mouvement
D'universel tictacquement
Qui fermente de fièvre et de folie
Et déchiquette, avec ses dents
  d'entêtement,
La parole humaine abolie.

Émile VERHAEREN

Je sais aussi à quoi est réduit un homme pour gagner son pain. Le métier que tu fais en vaut un autre. Par quelque moyen que tu collabores à cette saleté de monde, fût-ce par le plus infime travail, tu deviens immanquablement traître à quelqu'un. Nous vivons dans une société fondée sur la traîtrise.

Albert COSSERY

L'aliénation de l'ouvrier dans son produit signifie non seulement que son travail devient un objet, une existence extérieure, mais que son travail existe en dehors de lui, comme une puissance hostile et étrangère.

Karl MARX

Quand le travailleur s'endort,
il est bercé par l'insomnie
et quand son réveil le réveille
il trouve chaque jour devant son lit
la sale gueule du travail
qui ricane, qui se fout de lui.

Jacques PRÉVERT

Il faut entrer dans la manufacture quand elle est au travail, et l'on comprend que ce silence, cette captivité pendant de longues heures, commandent, à la sortie, pour le rétablissement de l'équilibre vital, le bruit, les cris, le mouvement… Au bout de vingt ans, comme au premier jour, l'ennui, l'étourdissement sont les mêmes, et l'affadissement. Le cœur bat-il dans cette foule ? Bien peu, son action est comme suspendue ; il semble, pendant ces longues heures, qu'un autre cœur, commun à tous, ait pris sa place, cœur métallique, indifférent, impitoyable, et que ce grand bruit, assourdissant dans sa régularité, n'en soit que le battement.

Jules MICHELET

Si vous considérez les bêtes, Niquette, vous remarquerez que les bêtes joyeuses sont celles qui ne travaillent pas : le moineau sur son toit, le pinson dans son arbre, le papillon parmi ses fleurs, la truite dans son eau fraîche, le chat à son foyer et l'agneau folâtre et le pourceau candide qui jamais ne meurent de maladie. Les bêtes tristes, c'est le bœuf courbé sous le joug, c'est le cheval qui gagne son avoine à la sueur de son front!... Il ne faut pas croire, Niquette, les moralistes qui veulent vous faire prendre le travail pour la liberté : le travail, c'est l'esclavage, et les gens qui sont intéressés à dire le contraire sont précisément ceux qui, ne faisant rien, gagnent leur pain à la sueur du front des autres. Plus tard, ma petite fille, vous ne lirez pas les œuvres d'Émile Zola, qui chanta le travail et ses joies, car ce paradoxe du travail joyeux dénote un esprit particulièrement vicieux, et voilà pourquoi Zola n'est pas un auteur convenable pour les jeunes personnes bien élevées... Mais vous lirez certainement Blaise Pascal, qui a écrit à propos de la loi divine du travail : « L'homme est plus inconcevable sans ce mystère que ce mystère n'est inconcevable à l'homme. » Vous ne comprenez pas, Niquette ? Moi non plus... Mais il faut toujours admirer les grands penseurs quand leurs formules ne veulent rien dire du tout.

Georges de LA FOUCHARDIÈRE

Ça se paie, l'argent.

Louis SCUTENAIRE

Rien ne sert d'être vivant le temps que l'on travaille.

André BRETON

Le pouvoir parcellaire de la bourgeoisie ouvre, sous le signe de la crise, le règne des idéologies qui jamais n'atteindront, ni seules ni ensemble, au quart de l'efficacité du mythe. La dictature du travail productif prend opportunément la relève. Il a pour mission d'affaiblir biologiquement le plus grand nombre des hommes, de les châtrer collectivement et de les abrutir afin de les rendre réceptifs aux idéologies les moins prégnantes, les moins viriles, les plus séniles qui furent jamais dans l'histoire du mensonge.

Raoul VANEIGEM

Toujou couri
Pour gagner vie.
Quand bien couru
Vie l'est foutue.

Roland TOPOR

L'homme est trop occupé à « gagner sa vie » pour la vivre.

Malcolm de CHAZAL

Les pauvres croient que le travail ennoblit, libère. La noblesse d'un mineur au fond de son puits, d'un mitron dans la boulangerie ou d'un terrassier dans une tranchée, les frappe d'admiration, les séduit. On leur a tant répété que l'outil est sacré qu'on a fini par les en convaincre. Le plus beau geste de l'homme est celui qui soulève un fardeau, agite un instrument, pensent-ils. « Moi, je travaille », déclarent-ils, avec une fierté douloureuse et lamentable. La qualité de bête de somme semble, à leurs yeux, rapprocher de l'idéal humain. Il ne faudrait pas aller leur dire que le travail n'ennoblit pas et ne libère point ; que l'être qui s'étiquette travailleur restreint, par ce fait même, ses facultés et ses aspirations d'homme ; que, pour punir les voleurs et autres malfaiteurs et les forcer à rentrer en eux-mêmes, on les condamne au travail, on fait d'eux des ouvriers. Ils refuseraient de vous croire. Il y a, surtout, une conviction qui leur est chère, c'est que le travail, tel qu'il existe, est absolument nécessaire. On n'imagine pas une pareille sottise. La plus grande partie du labeur actuel est complètement inutile…

Georges DARIEN

– Hei ho! hei ho! on revient du boulot!
– Super, mais quand on en revient du boulot, on est trop vannés pour niquer Blanche-Neige, rouspéta Grincheux.
– Oui, mais le boulot, c'est tellement épanouissant, objecta Simplet.

Michel HOUELLEBECQ,
Une aventure de Blanche-Neige au Qatar

Se livrer au travail, c'est ôter à l'amour et son arc et ses flèches.

OVIDE

Le salaire de l'ouvrier entre par la porte et sort par la cheminée.

Proverbe castillan

Le travail est le fléau des classes qui boivent.

Oscar WILDE

Un grand travailleur est un pauvre diable qui s'ennuie.

Louis SCUTENAIRE

Le travail est à la vie ce que le pétrole est à la mer.

Patrick CHEVAL

Quand j'arrive à l'atelier, les hommes-outils sont déjà occupés à leur spécialité. Je fonce sur l'homme-chef d'équipe pour serrer sa main-horloge, mais il me répond d'un coup de main-fouet.

Yves LE MANACH

J'entrai dans la vaste salle où
se confectionnaient les annuaires.
Une contremaîtresse adipeuse me prit
gentiment en charge et, en quelques
minutes, me montra les gestes simples
que nous étions payés pour faire. Je les
reproduisis tout au long de la journée
en levant les yeux toutes les minutes,
ou peu s'en faut, vers la lente pendule
qui dominait la cinquantaine d'employés
sacrifiant au néant en même temps.
Cette plongée dans l'ennui dura
quelques semaines, pendant lesquelles
je me jurais sans cesse, comme un
bagnard rumine son évasion, que
je ferais tout pour échapper, sinon
à la vile besogne, du moins au salariat
– et je me tins parole.

Roger WIGMORE,
Souvenirs d'agonie

Le travail est le père de tous les vides.

GÉGÈNE de Sinope

Le travail est une infamie.

Henry de MONTHERLANT

L'intellect de l'homme est forcé de choisir : ou la perfection de la vie, ou la perfection du travail.

William Butler YEATS

La baguette de fer de la Pauvreté force toujours son misérable esclave à ployer les genoux devant la richesse, à empoisonner d'inutiles peines une vie sans consolation, à resserrer les chaînes mêmes qui l'attachent à son destin.

Percy Bysshe SHELLEY

Se rendre au travail, c'est se constituer prisonnier.

Féodor BLATNOÏ

Le cerveau est un merveilleux organe. Il démarre au moment où vous vous levez et ne s'arrête qu'au moment où vous arrivez au bureau.

Robert FROST

Le travail est le refuge des gens qui n'ont rien de mieux à faire

Oscar WILDE

Introduisez le travail salarié, et adieu joie, santé, liberté ; adieu tout ce qui fait la vie belle et digne d'être vécue.

Paul LAFARGUE

Chaque jour quelques faits nouveaux réveillent en moi cette obsession de l'ouvrier bâtissant lui-même la prison douloureuse, la cité meurtrière où il s'enfermera, où il respirera le poison et la mort.
Je vois se dresser en face de moi, alors que je cherche à conquérir plus de bonheur, le monstre du prolétariat : l'ouvrier honnête, l'ouvrier prévoyant.
Ce n'est pas le spectre du capital, ni les ventres bourgeois que je trouve sur ma route… C'est la foultitude des travailleurs de la glèbe, de l'usine qui entrave mon chemin. Il faut bien vivre…
Et l'ouvrier trompe, vole, empoisonne, asphyxie, noie, brûle son frère, parce qu'« il faut vivre ».

Albert LIBERTAD

LE CHEF

ARTICLE PREMIER – Le chef a *toujours* tort.

ARTICLE 2 – Même quand il a raison, le chef a tort, mille fois tort. L'irréparable tort du chef est *d'être un chef.*

ARTICLE 3 – Le chef ne boit pas, il *pompe l'air* de ses subordonnés. Le chef ne mange pas, il leur *bouffe le temps et l'espace* avec sa petite parcelle d'autorité.

ARTICLE 4 – Le chef ne dort pas, il *se repose* sur ses subordonnés, son rôle étant de les faire trimer encore et toujours.

ARTICLE 5 – Le chef, rouage le moins utile, n'arrive jamais en retard, puisque nul n'est pressé de le voir arriver.

A TORT

ARTICLE 6 – Il n'est pas de bons chefs, il n'est que de sots *larbins.* Le fayot est au chef ce que la mouche est à la merde.

ARTICLE 7 – Tant qu'il y aura des chefs, il y aura la misère glauque des gestes programmés, la routine des droits de cuissage et des délations. Et tant qu'il y aura des gens pour *accepter* de travailler, il y aura des chefs.

ARTICLE 8 – Plus on critique le chef, plus il se dégonfle. *Toutes* les occasions sont bonnes pour *nuire* aux chefs.

ARTICLE 9 – Pour supprimer les chefs, il faut supprimer le travail. Pour supprimer le travail, il faut supprimer les chefs.

ARTICLE 10 – Les chefs qu'on abat ne font plus d'ombre à nos ébats.

En consultant la liste des maladies professionnelles établie par les rapetasseurs de la force de travail qui exercent la médecine du même nom, on trouve : le saturnisme, l'hydrargyrisme, le benzolisme, le phosphorisme, les lésions causées par l'action des rayons X et des substances radioactives, les gales causées par l'action du ciment, les maladies causées par le brai de houille, par l'arsenic et ses dérivés oxygénés et sulfurés, la silicose, les lésions osseuses provoquées par l'air comprimé, l'asbestose, les nosoconioses…

Un anonyme qui traverse les siècles

Le chômage, c'est Fleury.
Le travail, c'est la Santé.

Bruno SULAK

Les gens pauvres qui travaillent, qui portent des faix, m'exaspèrent. Les mendiants, les vagabonds, compromettent beaucoup moins qu'eux la dignité de l'homme.

Louis SCUTENAIRE

Dans son travail, l'ouvrier ne s'affirme pas ; il ne se sent pas à l'aise, mais malheureux ; il n'y déploie pas une libre activité physique et intellectuelle, mais mortifie son corps et ruine son esprit.

Karl MARX

Le travail est désormais assuré d'avoir toute la bonne conscience de son côté : la propension à la joie se nomme déjà « besoin de repos » et commence à se ressentir comme un sujet de honte. « Il faut bien songer à sa santé » – ainsi s'excuse-t-on lorsqu'on est pris en flagrant délit de partie de campagne. Oui, il se pourrait bien qu'on en vînt à ne point céder à un penchant pour la *vita contemplativa* (c'est-à-dire pour aller se promener avec ses pensées et ses amis) sans mauvaise conscience et mépris de soi-même.

Friedrich NIETZSCHE

Il n'est pas d'individu plus fatalement malavisé que celui qui consume la plus grande partie de sa vie à la gagner.

Henry D. THOREAU

De bilan de compétence en stage
de formation,
Tu t'reconnais plus, t'as l'vocabulaire
d'un patron,
Y en a vingt comme toi derrière pour
prendre ce job
Qui a l'air chiant comme l'enfer et payé
peau d'zob
C'est parti tu vas produire de la merde
en tube,
Et la r'fourguer à des pauvres gens avec
un peu d'pub.
Ou dans un atelier dev'nir plus con
qu'une machine,
Jusqu'au jour où, en arrivant, y a même
plus l'usine!

Les MALPOLIS

Le travail est probablement ce qu'il y a sur cette terre de plus bas et de plus ignoble. Il n'est pas possible de regarder un travailleur sans maudire ce qui a fait que cet homme travaille, alors qu'il pourrait nager, dormir dans l'herbe ou simplement lire ou faire l'amour avec sa femme.

Boris VIAN

Que reste-t-il d'étincelle humaine, c'est-à-dire de créativité possible, chez un être tiré du sommeil à six heures chaque matin, cahoté dans les trains de banlieue, assourdi par les fracas des machines, lessivé par les cadences, les gestes privés de sens, le contrôle statique, et rejeté vers la fin du jour dans les halls de gare, cathédrales de départ pour l'enfer des semaines et l'infime paradis des week-ends, où la foule communie dans la fatigue et l'abrutissement ? De la force vive déchiquetée brutalement à la déchirure béante de la vieillesse, la vie craque de partout sous les coups du travail forcé.

Raoul VANEIGEM

On se rend maintenant très bien compte, à l'aspect du travail, que c'est là la meilleure police, qui tient chacun en bride et qui s'entend à entraver vigoureusement le développement de la raison, des convoitises, des envies d'indépendance. Car le travail use la force nerveuse dans des proportions extraordinaires, il retire cette force à la réflexion, à la méditation, aux rêves, aux soucis, à l'amour et à la haine.

Friedrich NIETZSCHE

Les hommes travaillent généralement trop pour pouvoir encore rester eux-mêmes. Le travail : une malédiction que l'homme a transformée en volupté. Œuvrer de toutes ses forces pour le seul amour du travail, tirer de la joie d'un effort qui ne mène qu'à des accomplissements sans valeur, estimer qu'on ne peut se réaliser autrement que par le labeur incessant – voilà une chose révoltante et incompréhensible. Le travail permanent et soutenu abrutit, banalise et rend impersonnel. Le centre d'intérêt de l'individu se déplace de son milieu subjectif vers une fade objectivité ; l'homme se désintéresse alors de son propre destin, de son évolution intérieure, pour s'attacher à n'importe quoi : l'œuvre véritable, qui devrait être une activité de permanente transfiguration, est devenue un moyen d'extériorisation qui lui fait quitter l'intime de son être. Il est significatif que le travail en soit venu à désigner une activité purement extérieure : aussi l'homme ne s'y réalise-t-il pas – il réalise.

CIORAN

Voit-on souvent sourire un travailleur dans cette usine ?
Jamais, sauf quand il y a des grèves.

Dis donc camarade Soleil
tu ne trouves pas
que c'est plutôt con
de donner une journée pareille
à un patron ?

Jacques PRÉVERT

Je dédie cette aubade en forme
de berceuse
Aux ramiers, aux oisifs, aux clampins,
aux cossards
Aux rêveurs, aux passifs, aux lambins,
aux ronfleuses
Aux testeurs de hamacs, aux cancres,
aux flemmards
Aux poilus de la main fatigués
de naissance
Aux planeurs, à la sieste, aux repos
du guerrier
Aux lève-tard, aux couche-tôt, au monde
du silence
Aux membres inactifs, à la mouche tsé-tsé.

JULIETTE

Paressons en toutes choses, sauf en aimant et en buvant, sauf en paressant.

Gotthold Ephraim LESSING

Ô paresse, mère des arts et des nobles vertus, sois le baume des angoisses humaines!

Paul LAFARGUE

La nuit est destinée au sommeil, le jour au repos et l'âne au travail.

Proverbe afghan

La lenteur du paresseux est son meilleur camouflage, qui lui permet d'échapper à la vue perçante de ses prédateurs.

BUFFON

Le travail: tout ce qu'on n'a pas envie de faire.

Georges HENEIN

Le paresseux est plus loyal que les autres hommes: il ne fait pas semblant de travailler.

Tristan BERNARD

Le travail paie dans le futur; la paresse, elle, paie comptant.

Jacques DUTRONC

La paresse est nécessaire, il faut la mêler à la vie pour prendre conscience de la vie.

Jacques CHARDONNE

Travailler c'est trop dur
Et voler c'est pas beau,
Demander la charité,
C'est quelque chose
Que j'peux pas faire.
Chaque jour que moi je vis,
On me demande de quoi je vis.
Je dis : je vis sur l'amour
Et j'espère de vivre vieux…

Chanson traditionnelle cajun

Le zèle a tué plus d'hommes que la paresse.

Proverbe maya

Le travail, c'est bon pour ceux qui n'ont rien à faire.

Léo CAMPION

TRAVAILLER – t'avilir et te lier.
PARESSE – répit : repas de liesse.

Michel LEIRIS

Ne remets pas à demain ce que tu peux faire après-demain.

Alphonse ALLAIS

Rien ne me fascine plus que le travail : je peux rester assis et le contempler pendant des heures.

Jerome K. JEROME

J'ai tellement besoin de temps pour ne rien faire qu'il ne m'en reste plus assez pour travailler.

Pierre REVERDY

L'ivresse du travail ? C'est vrai que ça me saoule vite !

Jean YANNE

Pas se casser le cul,
Savoir se fendre
De quelques baisers tendres,
Sous un coin de ciel bleu…

Michel SIMON et Serge GAINSBOURG

Si tu es pris d'une envie de travailler, assieds-toi et attends que ça passe.

Proverbe calabrais

En napolitain, le mot *travailler* n'existe pas. On dit *fatigare*.

Roberto ROSSELLINI

Va pas bosser
Va plutôt chanter
Sur les trottoirs
Des p'tites histoires…
T'lève pas le matin
Pour un patron
Qui t'prend pour un chien,
Qui t'prend pour un con…

GAVROCHE

Je n'ai pas assez confiance en l'homme pour jurer que la paresse soit, à elle seule, un remède. Il y a des paresseux qui sont ignobles. La paresse, réduite à elle-même, sans orgueil, sans colère, sans luxure, reste mauvaise conseillère parce qu'une vertu isolée ne peut suffire à sauver l'homme.

Albert PARAZ

De toutes les calomnies, la pire est celle qui vise notre paresse, qui en conteste l'authenticité.

CIORAN

– Bonjour, dit le petit prince.

– Bonjour, dit le marchand.

C'était un marchand de pilules perfectionnées qui apaisent la soif. On en avale une par semaine et l'on n'éprouve plus le besoin de boire.

– Pourquoi vends-tu ça ? dit le petit prince.

– C'est une grosse économie de temps, dit le marchand. Les experts ont fait des calculs. On épargne cinquante-trois minutes par semaine.

– Et que fait-on de ces cinquante-trois minutes ?

– On en fait ce que l'on veut…

– Moi, se dit le petit prince, si j'avais cinquante-trois minutes à dépenser, je marcherais tout doucement vers une fontaine…

Antoine de SAINT EXUPÉRY

Il fut autrefois un temps où les paresseux eux-mêmes trouvaient du travail. C'est fini pour toujours. Il n'y en a même plus pour tous les laborieux, pour ceux qui préfèrent la mort à vivre sans rien faire. Les hommes libres d'aujourd'hui doivent refuser tout travail autre que celui de l'esprit. Par dignité, par solidarité, par raison…

Albert PARAZ

Notre vie, c'est d'être assassinés par le travail. Nous gigotons au bout de la corde pendant soixante ans. Mais nous allons la couper à présent. À la lanterne !

Georg BÜCHNER

Liberté efflanquée vaut mieux que gras esclavage.

Thomas FULLER

Dire qu'il y a des gens en pagaille
Qui courent sans cesse après le travail.
Moi, le travail me court après.
Il n'est pas près de me rattraper !

Henri SALVADOR

Le lundi au soleil
On pourrait le passer à s'aimer
Le lundi au soleil
On serait mieux dans l'odeur des foins
On aimerait mieux cueillir le raisin
Ou simplement ne rien faire
Le lundi au soleil...

Claude FRANÇOIS

J'avais pris l'habitude de regarder autour de moi, d'observer ceux que je côtoyais dans la rue, dans le métro, au petit restaurant où je prenais mes repas de midi. Qu'avais-je vu ? Des gueules tristes, des regards fatigués, des individus usés par un travail mal payé, mais bien obligés de le faire pour survivre, ne pouvant s'offrir que le strict minimum... Des êtres connaissant leur avenir puisque n'en ayant pas.
Des robots exploités et fichés, respectueux des lois plus par peur que par honnêteté morale. Des soumis, des vaincus, des esclaves du réveille-matin. J'en faisais partie par obligation, mais je me sentais étranger à ces gens-là. Je n'acceptais pas que ma vie soit réglée d'avance ou décidée par d'autres. Si, à six heures du matin,

j'avais envie de faire l'amour, je voulais prendre le temps de le faire sans regarder ma montre. Je voulais vivre sans heure, considérant que la première contrainte de l'homme a vu le jour quand il s'est mis à calculer le temps. Toutes les phrases usuelles de la vie courante me résonnaient dans la tête : Pas le temps de… Arriver à temps… Gagner du temps… Perdre son temps… Moi je voulais avoir le temps de vivre et la seule façon d'y arriver était de ne pas en être l'esclave.

Jacques MESRINE

Les lâches seuls travaillent.

Slogan des grévistes de l'usine De Dion
(Puteaux, 1906)

– Y a un type qui a clamé : « Les retraites on s'en fout ! On veut plus bosser du tout ! »

Ça m'a fait penser que c'est nous qui devrions être en tête des manifs. On est un bon million d'érémistes… Ça ferait déjà une belle troupe ! La T.N.T. ! La Troupe des Non-Travailleurs !

Alexandre DUMAL

Je hais le travail au point de ne pouvoir l'exiger des autres.

Louis SCUTENAIRE

L'État repose sur l'esclavage du travail. Que le travail devienne libre, et l'État s'écroule.

Max STIRNER

Il faut apprendre à tous la paresse, avec sa beauté difficile… Il est urgent de déshonorer le travail.

Albert PARAZ

– Mais pourquoi que tu vas pas turbiner, comme le commun des mortels ? s'énerva l'inspecteur.

– Et puis quoi encore ? s'indigna Popaul. Savez donc pas que le turbin, c'est pour les caves ?

Il n'y avait pas d'objection possible, et le lardu ne répondit d'ailleurs à ce truisme que par une mandale.

Auguste LE SIMONIN,
Du rififi chez les caves

Si le chômeur est malheureux, ce n'est pas parce qu'il n'a pas de travail, mais parce qu'il n'a pas d'argent. Ne disons donc plus « demandeur d'emploi » mais « demandeur d'argent » ; plus « recherche active d'emploi », mais « recherche active d'argent ».

Chômeurs heureux de Berlin,
Rapport d'inactivité

J'ai expérimenté l'avilissement : le désir de travailler, père de bien des vices. Je me suis roulé dans l'abjection des démarches polies, de la vague reconnaissance envers l'employeur, de l'appréhension (« Pourvu que je m'en tire... »), de l'amour de l'ouvrage bien faite, que sais-je ?

Me restent acquises une certaine patience en face de l'insulte et une certitude paisible, solide, que le travail fait à lui seul plus de victimes que guerres, pestes, véroles et clergé réunis – ainsi que, payée de la sueur de mon front, la ferme résolution de ne plus travailler à l'avenir.

Georges ARNAUD

Prolétaires du monde entier, reposez-vous !

Bob BLACK

À la télé, ils disent tous les jours : « Y a trois millions de personnes qui veulent du travail. » C'est pas vrai : de l'argent leur suffirait.

COLUCHE

Nous n'irons plus ployant sous
  la besogne !
D'un joug abject nous n'aurons
  que vergogne !

Chant de guerre des va-nu-pieds du Cotentin

PARPAILLE – Assez causé ! Allons, que demandez-vous de nous ? Si vous revenez travailler…

Cris dans la foule – Nous ne voulons plus travailler !

PARPAILLE, *fourrant la main dans la poche* – Combien ? Vos conditions ? La paye…

Cris dans la foule – Nous ne voulons plus de paye ! Nous ne voulons plus être payés !

PARPAILLE, *élevant en l'air une pièce d'or* – Par jour ?

Cris dans la foule – À bas ! Nous ne voulons pas d'argent ! Nous ne voulons pas d'argent !

Paul CLAUDEL

– Vous demandez une augmentation de salaire ?

– Non.

– Vous voulez travailler moins longtemps ?

– Non.

– Vos contremaîtres sont-ils injustes vis-à-vis de vous ? Avez-vous à vous plaindre d'eux ?

– Non.

– Et de moi ?

– Non plus.

– Mais, alors ?

– …

– Mais, nom de nom, qu'est-ce que vous réclamez ?

– Rien !

Non prévenu, *[le patron]* vous croira fou, pensera que ce n'est pas sérieux.

Et sa pitié se changera en stupéfaction quand, vous ayant demandé :

– Et quand comptez-vous reprendre votre travail que vous interrompez ?

vous répondrez :

– Je ne sais pas !

Il sentira à ce moment qu'il y a quelque chose de changé, que ce n'est pas des grévistes qu'il a devant les yeux mais un homme devenu conscient et qui se sait le seul maître de sa chair et de ses efforts.

Fortuné HENRY,
La Grève intermittente

Un vent d'innocence se répand qui murmure insidieusement d'arrêter le travail par la paresse, de défenestrer un chef par plaisanterie, de distribuer des stocks par amour de la gratuité.

Raoul VANEIGEM

L'usine, je ne veux pas y travailler !
L'usine, je ne veux pas y retourner !
En bouffant mon casse-croûte
Voilà bien c'que j'me disais.
En rentrant dans le bouclard,
Je vois mes potes chauffer,
Frapper de tous côtés,
Le contremaître gisait...
C'est pas le moment de traîner :
Je fonce dans la mêlée !

FRET LINER

Pas de « plein-emploi »,
Une vie bien remplie !

Assemblée des chômeurs de Jussieu, 1998

Plutôt que d'être cloîtré dans une usine, comme en un bagne, plutôt que de mendier ce à quoi j'avais droit, j'ai préféré m'insurger et combattre pied à pied mes ennemis en faisant la guerre aux riches, en attaquant leurs biens. Certes, je conçois que vous auriez préféré que je me soumette à vos lois, qu'ouvrier docile et avachi je crée des richesses en échange d'un salaire dérisoire, et que, le corps usé et le cerveau abêti, je m'en aille crever au coin d'une rue. Alors, vous ne m'appelleriez plus « bandit cynique » mais « honnête ouvrier ».

Alexandre Marius JACOB

« Vous êtes condamné au travail salarié » J'avais à peine quinze ans quand le « gomme-misère » du peuple m'a signifié la sentence, mais, franchement, j'me voyais pas avec un patron et des collègues, à me fader chaque jour de la semaine, presque à perpétuité… Ça m'a foutu tellement la trouille que ça m'en a donné des ailes et – Pégase du crime – je me suis mis à voler, voler, voler…

Alexandre DUMAL

Fabriquer, démolir, jouer, combattre, aimer, critiquer, décorer, débattre, cultiver, festoyer, bricoler, s'enivrer, inventer, voyager… Autant d'activités, parmi bien d'autres, devenues le plus souvent mesquines ou ignobles, vaines ou nocives – réduisant la vie quotidienne à une succession de rites serviles et de petites lâchetés. La fin du salariat seule permettra de renouer avec les anciennes passions et d'en imaginer de nouvelles à l'infini.

Julius Van Daal

Crois-moi, mon cher frère, songe à te faire Huron, pour vivre longtemps. Tu boiras, tu mangeras, tu dormiras et tu chasseras en repos ; tu seras délivré des passions qui tyrannisent les Français ; tu n'auras que faire d'or, ni d'argent, pour être heureux ; tu ne craindras ni voleurs, ni assassins, ni faux témoins ; et si tu veux devenir le Roi de tout le monde, tu n'auras qu'à t'imaginer de l'être, et tu le seras.

La Hontan, *Dialogues de Monsieur le Baron de La Hontan et d'un sauvage*

Jamais nous ne travaillerons,
ô flots de feux !

Arthur RIMBAUD

La conversion de ce pays à l'Évangile et de ce peuple à la civilité n'est pas petite, ni sans beaucoup de difficulté [...] La nation est sauvage, vagabonde, mal habituée, rare et d'assez peu de gens. Elle est, dis-je, sauvage, courant les bois, sans lettres, sans police, sans bonnes mœurs ; elle est vagabonde, sans aucun arrêt, ni des maisons, ni de parenté, ni de possessions, ni de patrie ; elle est mal habituée, gens extrêmement paresseux, gourmands, irréligieux, traîtres, cruels en vengeance, et adonnés à toute luxure [...] Avec tous ces maux, ils sont extrêmement glorieux : ils s'estiment plus vaillants que nous, meilleurs que nous, plus ingénieux que nous, et, chose difficile à croire, plus *riches* que nous.

Lettre du père jésuite BIARD
à propos des Etchemins (Canada français)

On a remarqué que lorsque les tricoteurs et les fabricants de bas de soie tiraient bon prix de leur travail, ils travaillaient rarement le lundi ou le mardi, et passaient le plus clair de leur temps à la taverne ou au jeu de quilles... Les tisserands, qui sont bien souvent ivres le lundi, ont mal aux cheveux le mardi et, le mercredi, leurs outils ne sont pas en état. Quant aux cordonniers, ils préféreraient être pendus qu'oublier la Saint-Crépin le lundi... et cela dure habituellement tant qu'ils ont encore un sou en poche ou quatre liards de crédit.

John HOUGHTON (cité par E. P. Thompson)

Qui mange son patron cague de beaux étrons.

Proverbe provençal

Non, non, bravez la vieillesse et l'usage,
Rompez, ma sœur, les fers de l'esclavage :
L'homme est né libre et, s'il doit obéir,
C'est à l'amour, à son cœur, au plaisir.

Henri-Joseph DULAURENS

Vous voulez rendre le peuple libre ; faites donc qu'il cesse d'être esclave de la misère, victime du travail répugnant. Contemplez ce malheureux qui, pour un modique salaire, travaille comme un galérien attaché aux corvées dans un atelier isolé, sombre et malsain ; il y passe toutes ses journées, toute sa vie. Homme-machine, il ne pense pas ; son corps s'épuise, son cœur s'endurcit, son esprit se meurt ; le soleil ne brille pas pour lui, ce n'est pas pour lui que le printemps sourit ; esclave de tous ses moments, il faut qu'il renonce à l'amitié, à l'amour, à la noble ambition… Le travail aujourd'hui est un supplice, car il est forcé, monotone, méprisé. Mais faites que l'ouvrier, au lieu d'être salarié, soit associé, qu'il travaille pour lui-même ; laissez-le choisir entre mille occupations diverses dont la commune a besoin, qu'il travaille en groupe auprès de ceux que son cœur a choisis, permettez-lui de varier ses occupations, de passer de la culture aux ateliers, d'un travail manuel à un travail intellectuel. Chassez toute contrainte, laissez agir l'attraction, elle gouverne aussi bien le monde passionnel que le monde matériel, elle sait obtenir par amorce d'amour et de plaisir ce que la société d'aujourd'hui ne sait obtenir que par nécessité et par contrainte.

Jan CZINSKI

Vous vous êtes courbés de longues années dans les champs épineux de la servitude ; bientôt vous suerez tout un été dans le vignoble de la liberté et vous serez libre jusqu'à la millième génération.

Vous avez toute une longue vie creusé la terre, bientôt vous creuserez la tombe de vos tyrans. Vous avez bâti des prisons, bientôt vous allez les renverser et bâtir l'asile de la liberté.

Georg BÜCHNER

Il ne s'agit pas d'affranchir le travail, mais de le supprimer.

Karl MARX

Quand les hommes cessent de travailler, les mots changent d'emploi

Raoul VANEIGEM

Il faut mettre un terme aux maîtres.

Pierre DESPROGES

Les puissances dominantes peuvent bien nous considérer comme des fous parce que nous voulons rompre avec leur système coercitif irrationnel ! Nous n'avons à y perdre que la perspective d'une catastrophe vers laquelle ils nous mènent. Au-delà du travail, nous avons un monde à gagner !

Manifeste anti-travail
du groupe allemand Krisis

Parvenus en cette île lointaine, ces pirates s'établirent en une crique qu'ils nommèrent Libertalia ; et là ils firent bonne chère de leur chasse et pêche, et se conjoignirent aux demoiselles des villages voisins, avec les habitants desquels ils partagèrent en bons garçons les futailles de rhum qu'ils avaient en leur vaisseau. Ainsi, à force de boire et de danser aux mêmes bals et débauches, ces gaillards se mélangèrent avec les sauvages et se firent eux-mêmes sauvages, et leurs enfants après eux, et de ce temps ils n'eurent plus jamais à rapiner ni à besogner – ainsi s'éteignit leur goût pour la rapine, qui ne tenait aussi qu'à leur horreur de la besogne.

Captain SWING,
Détails curieux et véridiques sur quelques fameux forbans qui s'en allèrent voguer au loin

Ne changeons pas d'employeurs, changeons l'emploi de la vie.

Graffiti sur un mur de la Sorbonne, mai 1968

Il s'agit d'un véritable renversement de signe du travail qui entraînera nombre de conséquences, dont la principale est sans doute le déplacement du centre d'intérêt de la vie, depuis les loisirs passifs jusqu'à l'activité productive du type nouveau. Cela ne signifie pas que, du jour au lendemain, toutes les activités productives deviendront en elles-mêmes passionnantes. Mais travailler à les rendre passionnantes, par une reconversion générale et permanente des buts aussi bien que des moyens du travail industriel, sera en tout cas la passion minimum d'une société libre.

Pierre CANJUERS et Guy DEBORD

Quand les hommes ne marchent pas au rythme des pendules, les pendules se mettent enfin à marcher au rythme des hommes.

Georg Christoph LICHTENBERG

Nul ne peut prédire ce qu'il adviendrait si déferlait la puissance créatrice jusqu'à présent bridée par le travail.

Bob BLACK

Ceux qu'on assassine lentement dans les abattoirs mécanisés du travail, les voici qui discutent, chantent, boivent, dansent, baisent, tiennent la rue, prennent les armes, inventent une poésie nouvelle…

RAOUL VANEIGEM

Jouir, il n'est pas d'autre devoir,
faire jouir, il n'est pas d'autres vertus…

Étienne Pivert de SENANCOUR

Ça y est, nous sommes dans les bras de la mort. Ceux d'entre nous qui se montreront les plus intrépides la vaincront. Amis, soyons intrépides jusqu'à la folie !

Nestor MAKHNO

Dépôt légal : juillet 2015
IMPRIMÉ EN FRANCE

Achevé d'imprimer le 29 juin 2015
sur les presses de l'imprimerie « La Source d'Or »
63039 Clermont-Ferrand
Imprimeur n° 17979

Dans le cadre de sa politique de développement durable,
La Source d'Or a été référencée IMPRIM'VERT®
par son organisme consulaire de tutelle.
Cet ouvrage est imprimé - pour l'intérieur -
sur papier bouffant « Munken Print Cream » 80 g (main 1,8)
provenant de la gestion durable des forêts,
produit par des papetiers dont les usines ont obtenu
les certifications environnementales ISO 14001 et E.M.A.S.